DIE AUMUNDSCHE REFORM DER TECHNISCHEN HOCHSCHULEN

EINE GEFAHR FÜR DIE DEUTSCHE WIRTSCHAFT

VON

PROF. DR.-ING. JULIUS SCHENK
BRESLAU

MÜNCHEN UND BERLIN 1921
DRUCK UND VERLAG VON R. OLDENBOURG

www.ingramcontent.com/pod-product-compliance
Lightning Source LLC
LaVergne TN
LVHW091734021026
849161LV00003BB/615